UN MOT

SUR LE PONT NOUVEAU

A CONSTRUIRE A ROUEN.

UN MOT

SUR

LE PONT NOUVEAU

A CONSTRUIRE A ROUEN,

PAR

UN INGÉNIEUR,

Ancien Élève de l'École centrale.

ROUEN

IMPRIMERIE DE E. CAGNIARD

Rues de l'Impératrice, 88, et des Basnage, 5.

—

1865

Un Mot

sur

LE PONT NOUVEAU

A CONSTRUIRE A ROUEN.

Depuis plusieurs années, l'opinion publique se préoccupe, à Rouen, de l'établissement d'un pont nouveau sur la Seine. Ce pont est, en effet, d'une utilité manifeste, le pont de pierre permettant seul aux voitures chargées de passer d'une rive à l'autre. La création des Docks, l'ouverture de la ligne de Serquigny, le développement du quartier Saint-Sever, le rendent de plus en plus insuffisant. L'ouverture des lignes d'Amiens et d'Orléans, en augmentant encore considérablement le mouvement des marchandises, ne peut qu'accroître les difficultés, et l'on peut dire, sans crainte d'exagération, que le pont de pierre sera, sinon impraticable, du moins si encombré que les affaires en souffriront.

Etudier l'établissement d'un pont nouveau, c'est donc répondre à l'un des besoins les plus impérieux du moment; et nous pensons que c'est servir les intérêts de la ville que de tenter, par la discussion d'un projet, de faire faire un pas à la question.

I.

En ce moment, la circulation s'effectue par le pont de pierre, qui donne passage aux piétons et aux voitures de toute espèce, et par le pont suspendu, qui ne sert qu'aux piétons et aux voitures légères.

Nous n'avons pu nous procurer une statistique exacte de la circulation sur les deux ponts depuis dix ans; mais il est de notoriété publique que, dans cette période, elle s'est accrue de plus d'un quart, et par le seul fait du développement normal de la ville.

Les divers embranchements de chemins de fer en exploitation, en construction ou en projet, doivent, dans un délai très rapproché, renouer les relations que le port de Rouen entretenait depuis longues années avec les vallées et les villes industrielles de l'Eure, de l'Orne, du Calvados et de la Manche, relations momentanément interrompues, ou tout au moins gravement compromises par l'ouverture de la ligne de Paris à Cherbourg. La ligne directe d'Orléans et celle d'Amiens ouvriront au commerce rouennais, l'une le centre et le midi de la France, l'autre les départements du Nord et la Belgique. Il est donc évident que la progression croissante de la circulation constatée pour la dernière période décennale ne pourra qu'augmenter, et qu'il est urgent d'ouvrir une voie nouvelle de communication.

II.

Tout le monde est d'accord sur l'établissement d'un pont nouveau, mais les uns le veulent au droit de la ue de l'Impératrice, les autres de la rue Grand-Pont, à la place du pont suspendu. Ce débat touche à des intérêts considérables : intérêts des rues Grand-Pont et Saint-Sever, intérêts de la navigation, intérêts financiers de la Ville, du Département et de l'Etat.

Il est hors de doute que le pont dont on a pu, cette année, voir les fondations des piles sous le pont suspendu, fut construit au xii° siècle par l'impératrice Mathilde ou par Geoffroy Plantagenêt, onzième duc de Normandie. Ce qu'il faut remarquer, c'est que les chroniqueurs assurent que ce pont fut bâti sur l'emplacement de *l'ancien*, mais plus beau et plus solide. Or, un pont, même un pont de bateaux, Rouen le sait par expérience, n'est pas une construction éphémère, et nous ne pensons pas exagérer en reportant au x° siècle l'édification de celui qui fut reconstruit au xii°. Eh bien! l'établissement du pont projeté au droit de la rue de l'Impératrice aurait pour premier inconvénient le déplacement de la circulation, dont un quartier riche et industrieux jouit depuis tant de siècles, et, par suite, on n'en saurait douter, la ruine de ce quartier.

La logique et l'équité s'accordent pour que toute étude de pont nouveau soit faite en vue des intérêts acquis.

Nous posons ainsi nettement la question, parce que ce n'est pas fortuitement que se fonde un grand centre commercial. Il est le résultat d'une position topographique favorable, d'accès faciles, de la convenance et des intérêts généraux de la population. C'est chose grave que d'enlever à un quartier les éléments de sa prospérité; on ne doit le faire que d'une main très-discrète, alors qu'il est impossible de l'éviter. Se trouve-t-on dans ce cas à l'égard de la rue Grand-Pont? On dit que la population tend vers l'Ouest, c'est évident; mais l'Est perd-il du terrain? Prévoit-on qu'il faudra jeter un pont en aval du pont suspendu? — Nous ferons observer que la place de ce pont ne serait pas en face de la rue de l'Impératrice, mais beaucoup plus bas, à la hauteur du boulevard, si l'on voulait qu'il répondit à l'extension occidentale de la ville. D'ailleurs, les intérêts qui le nécessiteront peut-être dans l'avenir ne sont encore qu'en germe, tandis que l'Est et le centre de la ville sont en pleine prospérité. S'il est sage de penser à l'avenir, il ne l'est pas moins de penser au présent, et quand, par une exploitation intelligente des circonstances, l'Administration peut répondre aux nécessités de l'un sans nuire à celles de l'autre, il convient de ne rien sacrifier.

Sur la rive gauche de la Seine, on se trouve en présence d'une question d'intérêt général. A diverses reprises, on a discuté le déplacement du marché aux bestiaux. De la rue Saint-Sever, quartier très populeux, dont il rend, à certains jours, la circulation dangereuse, on a eu l'idée de le transporter dans la plaine de Saint-Sever, entre la gare et les abattoirs. C'est là sa véritable place. Pourquoi n'a-t-on rien décidé? Parce qu'une partie du commerce et de l'industrie de la rue Saint-Sever est alimentée par ce marché.

L'établissement d'un pont fixe sur l'emplacement du pont suspendu permet de réaliser ce projet, parce que les pertes qui en résultent pour la rue Saint-Sever trouvent une large compensation dans l'accroissement de la circulation. Qu'il nous soit permis de faire remarquer, en outre, que le résultat de cette combinaison est la création d'un nouveau centre d'activité.

Pour résumer ce point de la discussion : nous voyons, qu'au point de vue des intérêts généraux de la ville, l'établissement du pont projeté sur l'emplacement du pont suspendu est favorable aux quartiers traversés par les rues Grand-Pont et Saint-Sever, hâte le développement de l'Ouest de la ville par l'espoir de posséder, dans un avenir plus ou moins prochain, un pont construit spécialement en vue de ses besoins et permet le déplacement du marché aux bestiaux ; jeté en face de la rue de l'Impératrice, il compromet la situation commerciale du quartier de la rue Grand-Pont, éloigne indéfiniment le déplacement du marché aux bestiaux.

III.

L'étude des abords nous confirmera dans notre choix.

A chaque extrémité du pont suspendu s'étendent de larges places dont les pentes, très douces, sont prêtes à recevoir une circulation aussi importante qu'elle puisse être. Les dépenses pour les raccorder avec un pont fixe se réduisent à un simple remaniement du pavage.

Enfin, si la question de la nouvelle ligne d'Orléans se réalisait, le pont nouveau offrirait un magnifique débouché à la ligne nouvelle.

En face de la rue de l'Impératrice c'est tout autre chose. Il suffit de jeter un coup d'œil sur les lieux pour reconnaître que le profil des quais doit être entièrement modifié. Et l'exhaussement des quais au droit du pont entraîne la modification de la rue de l'Impératrice à partir de la rue des Charrettes, le remaniement des quais sur une grande longueur, l'expropriation de deux ou trois maisons, et, comme conséquence, ainsi que le remarquait fort bien, tout récemment, M. le rédacteur en chef du *Nouvelliste*, « on serait obligé d'enterrer d'un mètre au « moins les maisons à l'entrée de la rue de l'Impératrice, « les Docks et la caserne. »

Sur la rive gauche, les difficultés sont telles qu'elles nous paraissent devoir faire abandonner la question.

Les Docks, qui longent la rue de l'Impératrice prolongée, sont un obstacle capital à la création de la place nécessaire pour un pont de l'importance de celui qui nous occupe.

Le niveau de la chaussée du pont devant être plus élevé que celui des quais actuels, les voies de fer qui desservent les Docks et les quais devraient être supprimées.

Il faut ajouter : 1° une dépense de plusieurs millions peut-être, sans arriver, faute d'espace, à créer les débouchés nécessaires ; 2° la suppression d'une partie du bassin maritime et d'une grande surface de quais.

IV.

Dans le cas d'un pont fixe sur l'emplacement du pont suspendu, on accède facilement aux Docks, aux quais et aux gares de Saint-Sever et d'Orléans; on peut souder par une voie ferrée les voies des deux rives de la Seine et mettre ainsi en communication directe les quatre gares de la ville.

Avec le pont de la rue de l'Impératrice tous ces avantages disparaissent.

Avant la création de cette rue et des Docks, le projet que nous combattons n'était pas irréalisable au point de vue de l'exécution, pourvu que l'on consentît à bouleverser une grande étendue de quais, à faire le sacrifice d'une partie du port maritime, et cela juste au moment où de nouvelles voies ferrées vont augmenter l'activité du port de Rouen ; mais, dans l'état actuel des choses, nous ne pensons pas qu'on puisse y songer sérieusement.

Notre projet a donc pour but la création d'un pont fixe sur l'emplacement du pont suspendu.

V.

On peut opter entre :

Un pont en maçonnerie,

Un pont à arcs en fonte,

Un pont en treillis,

Un pont de système mixte comme celui que nous proposons.

1. Les quais de Rouen sont mal disposés pour recevoir un pont en maçonnerie. Ils n'ont pas, comme à Paris, deux étages, l'un pour la batellerie, l'autre pour la circulation. Placés sur un même plan, ils sont une cause de difficultés très-grandes, car on ne peut admettre la répétition de la faute commise au pont de pierre c'est-à-dire des rampes de 0ᵐ 07 par mètre, qui sont un danger pour les voitures lourdement chargées. Un pont en maçonnerie exige d'ailleurs une hauteur dont on ne dispose pas à Rouen.

Une autre considération, qui suffirait seule pour faire rejeter ce système, c'est la dépense.

2. Un pont à arcs en fonte demande aussi plus de hauteur que celle dont on peut disposer.

Les retombées des arcs réduisent le passage et présentent un obstacle à la navigation. Ce système est donc impossible avec la disposition d'un port comme celui de Rouen.

3. Ainsi, la nécessité de donner la plus grande hauteur possible, pour laisser plus de liberté aux mouvements de la navigation, et l'obligation de ne pas changer les abords, pour éviter l'imprévu, imposent un système à tablier droit.

Choisira-t-on un pont à treillis, comme celui d'Elbeuf ? Ce pont a seulement 7^m 80 de largeur, trottoirs compris.

Nous ferons remarquer qu'un pont semblable à celui que nous venons de citer serait insuffisant à Rouen et qu'il devrait être augmenté de deux trottoirs en encorbellement.

A Rouen, un pont de ce système aurait bien des inconvénients. Il masquerait la vue, la traversée en serait triste ; semblable à une loge grillée, il aurait cet aspect monotone qui frappe si vivement les visiteurs du pont de Cologne. Il prête aux situations ridicules. Se figure-t-on, par exemple, deux amis se reconnaissant d'un trottoir à l'autre ? S'ils veulent se parler, ils le feront au milieu du bruit des voitures, à travers une chaussée de huit mètres et un double treillis.

Pour un pont de chemin de fer, en rase campagne, tous ces inconvénients disparaissent ; ici, c'est bien différent,

.et nous n'hésitons pas à le dire, un pont en treillis serait, à Rouen, un véritable malheur artistique.

4. Dans l'étude que nous avons faite, nous avons cherché comment on peut laisser à la navigation de la Haute-Seine la hauteur libre dont elle a besoin et concilier l'économie qui doit présider aux grandes constructions publiques avec le goût artistique et la richesse monumentale de la ville de Rouen.

Le premier point nous semblerait résolu : 1° si l'on surélevait les abords du pont de 40 centimètres, de manière que la partie inférieure du tablier fut, au minimun, à la hauteur des eaux de 1742 et, au maximun, un mètre plus haut ; 2° si l'on profitait de la circonstance pour débarrasser le lit du fleuve des piles de l'ancien pont qui nuisent à la sécurité du passage ; 3° si l'on évitait de toucher aux aménagements des quais, ce que l'on n'aurait aucune raison de faire en se contentant de la surélévation que nous venons d'indiquer.

Pour satisfaire aux conditions d'économie et de stabilité, nous avons tenu compte de ce fait, conforme à la pratique et à la théorie, que l'influence des surcharges est en raison inverse du poids du tablier. Nous nous sommes déterminé pour un tablier droit porté par un arc parabolique en tôle relié par des croisillons rigides destinés à prévenir la déformation de l'arc et celle du tablier. La distance entre les arcs est supposée de 8 mètres et les trottoirs placés en encorbellement ont 2^m 50 chacun. Les arcs descendent jusqu'à la poutre de rive pour laisser dans l'axe de chaque travée un grand espace libre où les piétons peuvent passer facilement d'un bord à l'autre.

Ce pont a donc 13 mètres de parapet à parapet, largeur presque double de celle du pont actuel et, à notre avis, plus que suffisante.

Quand à l'ornementation des piles et culées, nous nous sommes efforcé, pour ne pas faire discordance avec les monuments de Rouen, d'allier les formes gracieuses du gothique à la courbe parabolique. Dans une construction du genre de celle projetée, la question d'art est d'une grande importance. Aux conditions de résistance et de commodité il nous a paru tout-à-fait indispensable d'unir les conditions artistiques, et, de tous les ordres d'architecture, le gothique a droit à la préférence parce que c'est celui qu'on voit le plus souvent et le plus heureusement représenté dans la capitale de la Normandie.

VI.

D'après nos calculs la dépense serait de un million cinq cent mille francs environ.

Comment se procurer cette somme ? Nous ne pensons pas que, pour le département de la Seine-Inférieure et la ville de Rouen, la part laissée à leur charge par l'Etat soit un embarras. D'un autre côté, la construction du pont étant décidée dans l'esprit de nos administrateurs, la question financière a certainement fixé leur attention, et le passé doit nous imposer la confiance et nous inviter à croire que nos intérêts seront traités avec autant de sollicitude que de talent.

Qu'il nous soit permis, en terminant, de répéter que nous n'avons eu d'autre but que de faire faire un pas à une question dont la solution intéresse la prospérité de notre cité. Si nous avons réussi, nous ne regretterons pas le long travail que nous avons dû faire et dont ces quelques pages ne sont qu'un très-court résumé.

Rouen, le 1ᵉʳ novembre 1865

www.ingramcontent.com/pod-product-compliance
Lightning Source LLC
Chambersburg PA
CBHW070439080426
42450CB00031B/2727